신비아파트
고스트볼 X 의탄생
100점
공포의 교과서
받아쓰기
1단계

(주)학산문화사

이렇게 활용하세요

[신비아파트 고스트볼X] 친구들과 함께라면 어려운 받아쓰기 공부도 즐겁게 할 수 있어요!!

1 받아쓰기를 잘하기 위해 꼭 알아야 할 내용들을 담았습니다.

2 혼자서 받아쓰기를 연습할 수 있도록 따라 쓰기 칸을 넣었습니다.

3 신비아파트에 나오는 캐릭터의 이름을 쓰면서 한글을 익힙니다.

4 문제를 통해서 헷갈리는 글자를 확실히 알아봅시다.

주요 인물 소개

신비(102살)

신비아파트가 100년 된 순간 태어난 도깨비

신비는 신비아파트 맨홀 안에서 살고 있다. 잘난 척, 용감한 척 다~ 하지만, 알고보면 둘째가라면 서러운 겁쟁이다! 더 강력해진 귀신들을 상대할 수 있도록 하리, 두리에게 업그레이드 된 '고스트볼 X'를 선물한다.

금비(??)

미소년 박애주의자인 밝고 순수한 조선 시대 도깨비

밝고 순수하며 사투리를 쓴다. 미소년 박애주의자로서 꽃미남 강림과 리온에게 빠져 있다. 평소에는 철없는 어린아이 같지만 귀신이 나타나거나 위기의 순간에는 진중하고 진지한 모습을 보인다. 시간 관련된 요술을 사용할 수 있다.

구하리(12살)

호기심, 의욕 그리고 힘도 넘치는 두리의 센 누나

동생인 '두리'를 잘 챙기며 엄마를 닮아 정의감이 강하고 겁 많은 도깨비 신비를 도와 귀신들을 승천시킨다.

구두리(10살)
하리의 동생이자, 신비와 겁쟁이 콤보

귀신을 엄청 무서워하며 위급한 상황이 생기면 늘 '누나!' 하고 외치며 도움을 요청한다. 눈물도 많고 정도 많은 막내지만 위기에 처한 누나를 구하기 위해 혼자 귀신과 맞설 만큼 조금씩 성장 중!

최강림(12살)
별빛 초등학교 최고의 인기남

멋지고 잘생겼는데 차가운 매력까지? 강력한 귀신들과 맞서 싸울 정도로 힘도 갖췄다. 이런 차도남도 하리가 위험에 빠질 때면 누구보다 빠르게 지켜주러 간다!

리온(12살)
스윗한 외모에 밝고 쾌활한 성격까지 강림과 정반대의 매력을 가진 라이벌

서양인 아버지와 한국인 어머니 사이에서 태어난 혼혈아인 '리온'은 비밀 퇴마 집단 '아이기스'의 최연소 퇴마사이다.

차례

활용방법 6

1장 자음자와 모음자 배우기

자음자 **알기** 14
모음자 **알기** 18
귀신 잡는 오싹오싹 받아쓰기 24

2장 글자의 짜임

자음자와 모음자로 글자 만들기 26
겹자음 **알기** 30
겹모음 **알기** 34
귀신 잡는 오싹오싹 받아쓰기 40

3장 받침이 있는 낱말 배우기

받침이 있는 낱말 **쓰기** 42
귀신 잡는 오싹오싹 받아쓰기 62

4장 겹받침이 들어간 글자 배우기

겹받침이 들어간 낱말 쓰기 64

귀신 잡는 오싹오싹 받아쓰기 74

5장 주제별 낱말 배우기

주변의 사람과 사물들 76

소리를 흉내 내는 말 84

모양을 흉내 내는 말 90

귀신 잡는 오싹오싹 받아쓰기 96

6장 짧은 문장 쓰기

받침 없는 문장 쓰기 98

받침 있는 문장 쓰기 108

귀신 잡는 오싹오싹 받아쓰기 118

정답 119

1장
자음자와 모음자
배우기

 먼저 자음의 이름을 알아보세요.

ㄱ 기역	ㄴ 니은	ㄷ 디귿
ㄹ 리을	ㅁ 미음	ㅂ 비읍
ㅅ 시옷	ㅇ 이응	ㅈ 지읒
ㅊ 치읓	ㅋ 키읔	ㅌ 티읕
ㅍ 피읖	ㅎ 히읗	

한글의 기본 자음자는
'ㄱ, ㄴ, ㄷ, ㄹ, ㅁ, ㅂ, ㅅ, ㅇ, ㅈ, ㅊ, ㅋ, ㅌ, ㅍ, ㅎ' 열네 개이지요.

 ㄱ부터 ㅎ까지 쓰는 순서에 맞게 따라 쓰세요.

기역	니은	디귿	리을	미음	비읍	시옷
ㄱ	ㄴ	ㄷ	ㄹ	ㅁ	ㅂ	ㅅ
ㄱ	ㄴ	ㄷ	ㄹ	ㅁ	ㅂ	ㅅ

이응	지읒	치읓	키읔	티읕	피읖	히읗
ㅇ	ㅈ	ㅊ	ㅋ	ㅌ	ㅍ	ㅎ
ㅇ	ㅈ	ㅊ	ㅋ	ㅌ	ㅍ	ㅎ

 자음이 들어간 낱말을 읽어 봐요.
빨간색 부분의 자음 소리를 생각하면서 읽어 보세요.

 ㄱ 가지

 ㄴ 나무

 ㄷ 도토리

ㄹ 레몬

 ㅁ 모과

 ㅂ 바나나

 ㅅ 사과

 ㅇ 오이

 ㅈ 자두

 ㅊ 참외

 ㅋ 콩

 ㅌ 토마토

ㅍ 포도

 ㅎ 호박

낱말의 자음을 찾고,
자음이 들어간 낱말을 따라 써 보세요.

거미
거미

너구리
너구리

다리
다리

라면
라면

미소
미소

비누
비누

소라
소라

오소리
오소리

지우개
지우개

차표
차표

모음자 알기

먼저 모음의 이름을 알아봐요.

모음자		이름
ㅏ	➡	아
ㅑ	➡	야
ㅓ	➡	어
ㅕ	➡	여
ㅗ	➡	오
ㅛ	➡	요
ㅜ	➡	우
ㅠ	➡	유
―	➡	으
ㅣ	➡	이

한글의 기본 모음자는 'ㅏ, ㅑ, ㅓ, ㅕ, ㅗ, ㅛ, ㅜ, ㅠ, ㅡ, ㅣ'
열 개이지요.

ㅏ부터 ㅣ까지 쓰는 순서에 맞게 따라 써 보세요.

모음자가 들어간 낱말을 읽어 보세요.
빨간색 부분의 모음자 소리를 생각하면서 읽어 보세요.

ㅏ	하마
ㅑ	이야기
ㅓ	어린이
ㅕ	여우
ㅗ	토마토
ㅛ	요리

ㅜ	자두
ㅠ	우유
ㅡ	그림
ㅣ	기차

모음자의 이름은 모음자의
소리와 같아~

20

모음자와 그 이름을 선으로 이어 주세요.

ㅏ · · 야 ㅛ · · 유

ㅑ · · 오 ㅜ · · 으

ㅓ · · 아 ㅠ · · 요

ㅕ · · 어 ㅡ · · 이

ㅗ · 여 ㅣ · 우

 글자에서 자음자의 오른쪽에 있는
모음자를 말해 보고 낱말을 따라 쓰세요.

바	나	나
바	나	나

가	지
가	지

사	자
사	자

거	미
거	미

자	라
자	라

하	마
하	마

바	다
바	다

모음자를 잘 익혀두면
받아쓰기가 쉬워진대!

글자에서 자음자의 아래쪽에 있는
모음자를 말해 보고 낱말을 따라 쓰세요.

우	유
우	유

포	도
포	도

호	두
호	두

두	부
두	부

고	추
고	추

부	모
부	모

코	스	모	스
코	스	모	스

모	두
모	두

노	루
노	루

오	순	도	순
오	순	도	순

귀신 잡는 오싹오싹 받아쓰기

신비아파트에 나타나는 귀신들을 잡아야 해!

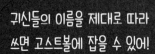

귀신들의 이름을 제대로 따라 쓰면 고스트볼에 잡을 수 있어!

나의 양손 공격을 받아라! 남자아이의 영혼 구슬을 내가 가져가겠다.

구미호 아홉 개의 유혹

종류 괴수
기술 남자아이의 영혼을 빼앗을수록
   사람의 모습에 가깝게 변할 수 있다.
크기 160cm(사람) 140cm(변신 후)
퇴치방법 리온과의 만남을 계기로 남자
   아이들의 영혼을 다 풀어주고
   멀리 떠남.

구 미 호 구 미 호

2장

글자의 짜임

자음자와 모음자로 글자 만들기

한글의 모든 글자는 자음자와 모음자가 합쳐서 만들어요.

모음자 자음자	ㅏ	ㅑ	ㅓ	ㅕ	ㅗ	ㅛ	ㅜ	ㅠ	ㅡ	ㅣ
ㄱ	가	갸	거	겨	고	교	구	규	그	기
ㄴ	나	냐	너	녀	노	뇨	누	뉴	느	니
ㄷ	다	댜	더	뎌	도	됴	두	듀	드	디
ㄹ	라	랴	러	려	로	료	루	류	르	리
ㅁ	마	먀	머	며	모	묘	무	뮤	므	미
ㅂ	바	뱌	버	벼	보	뵤	부	뷰	브	비
ㅅ	사	샤	서	셔	소	쇼	수	슈	스	시
ㅇ	아	야	어	여	오	요	우	유	으	이
ㅈ	자	쟈	저	져	조	죠	주	쥬	즈	지
ㅊ	차	챠	처	쳐	초	쵸	추	츄	츠	치
ㅋ	카	캬	커	켜	코	쿄	쿠	큐	크	키
ㅌ	타	탸	터	텨	토	툐	투	튜	트	티
ㅍ	파	퍄	퍼	펴	포	표	푸	퓨	프	피
ㅎ	하	햐	허	혀	호	효	후	휴	흐	히

자음자+모음자를 합쳐서 글자를 만들어요. ㄱ+ㅗ 로 '고'라는
글자를 만들어요. 모음자는 자음자의 옆이나 아래에 와요.

보기 처럼 글자에 맞는 자음자와 모음자를 빈칸에 써 보세요.

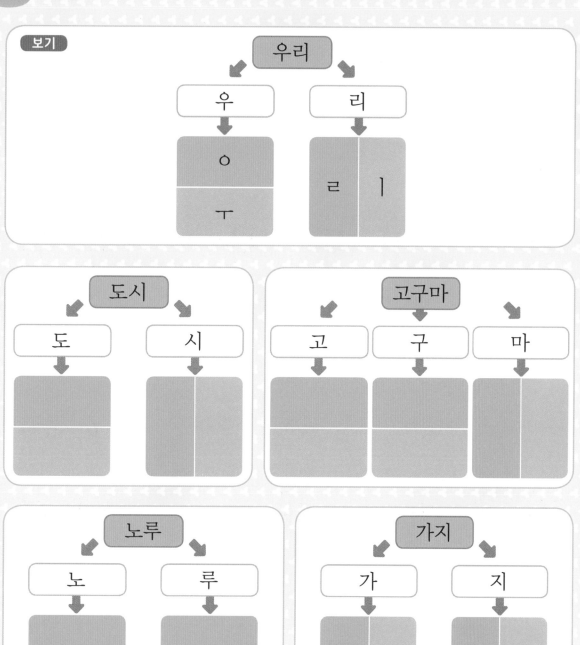

자음자와 모음자로 만든 낱말들을 따라 써 보세요.

가 지	노 래	다 리	라 면
가 지	노 래	다 리	라 면

마 루	바 다	사 자	우 유
마 루	바 다	사 자	우 유

지 우 개	채 소	하 루
지 우 개	채 소	하 루

나	라
나	라

야	구
야	구

너	구	리
너	구	리

여	름
여	름

조	개
조	개

오	리
오	리

부	채
부	채

기	러	기
기	러	기

유	리
유	리

그	림
그	림

겹자음 알기

겹자음과 그 이름을 선으로 이어 보세요.

ㄲ •

ㄸ •

ㅃ •

ㅆ •

ㅉ •

• 쌍비읍

• 쌍기역

• 쌍시옷

• 쌍지읒

• 쌍디귿

겹자음자로 글자를 만들어 보세요.

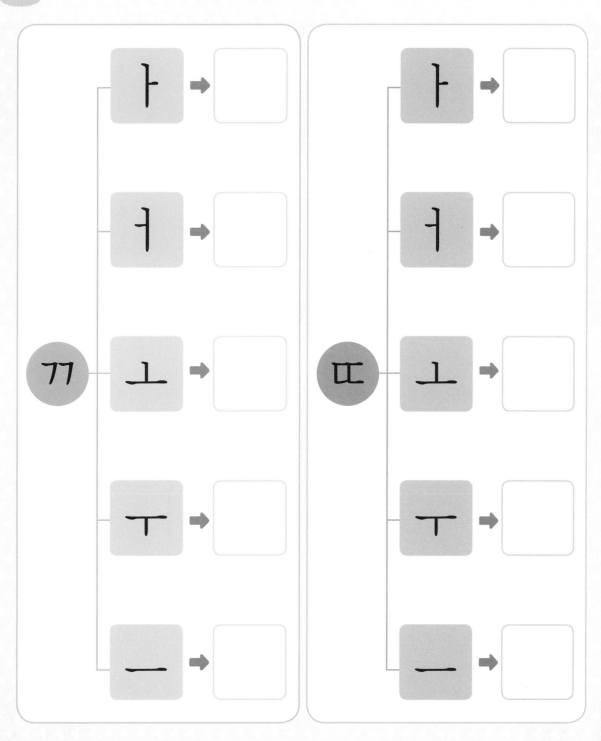

 겹자음이 들어간 낱말을 따라 써 보세요.

까치
까치

토끼
토끼

까마귀
까마귀

딸기
딸기

땀
땀

빨래
빨래

빵집
빵집

빨대
빨대

씨	름
씨	름

새	싹
새	싹

씨	앗
씨	앗

찌	개
찌	개

팔	찌
팔	찌

짜	장	면
짜	장	면

33

겹모음 알끼

겹모음 이름을 알고, 글자에서 여러 가지 모음자를 찾아봅시다.

ㅐ ➡ 애	➡	배
ㅔ ➡ 에	➡	제비
ㅚ ➡ 외	➡	참외
ㅟ ➡ 위	➡	바위
ㅘ ➡ 와	➡	과자
ㅝ ➡ 워	➡	태권도
ㅙ ➡ 왜	➡	돼지
ㅢ ➡ 의	➡	의자

두 개의 모음자가 합쳐져서 만들어진 겹모음자와
그 이름을 알아보아요. 애, 에, 외, 위, 와, 워, 왜, 의.

 겹모음을 쓰는 순서에 맞게 따라 써 보세요.

모음자	이름	쓰는 순서	따라 쓰기			
ㅐ	애	ㅐ	ㅐ	ㅐ		
ㅔ	에	ㅔ	ㅔ	ㅔ		
ㅚ	외	ㅚ	ㅚ	ㅚ		
ㅟ	위	ㅟ	ㅟ	ㅟ		
ㅘ	와	ㅘ	ㅘ	ㅘ		
ㅝ	워	ㅝ	ㅝ	ㅝ		
ㅙ	왜	ㅙ	ㅙ	ㅙ		
ㅢ	의	ㅢ	ㅢ	ㅢ		

35

겹모음으로 글자를 만들어 보세요.

ㄲ + ㅐ → ☐

ㄸ + ㅐ → ☐

ㅆ + ㅔ → ☐

ㄹ + ㅔ → ☐

ㅉ + ㅚ → ☐

ㄱ + ㅚ → ☐

ㄴ + ㅘ → ☐

ㅂ + ㅘ → ☐

ㄹ + ㅝ → ☐

ㅇ + ㅝ → ☐

ㅋ + ㅟ → ☐

ㅅ + ㅟ → ☐

ㅇ + ㅢ → ☐

ㄴ + ㅢ → ☐

ㅊ + ㅝ → ☐

ㄴ + ㅝ → ☐

ㄷ + ㅙ → ☐

ㅂ + ㅙ → ☐

겹모음이 들어간 낱말을 써 보세요.

개	나	리
개	나	리

제	비
제	비

참	외
참	외

바	위
바	위

과	자
과	자

태	권	도
태	권	도

돼	지
돼	지

의	자
의	자

다음 상자 안에 쓰여진 낱말 중 맞게
쓴 것을 찾아 ○ 해 주세요.

재비, 제비

참오, 참외

태군도, 태권도

바위, 바우

으자, 의자

개나리, 가나리

돼지, 도지

내가 학교를 못 다녔어도
이 정도는 안당께!

초등학교도 안 다녔으면서
받아쓰기를 안다고? 대단한걸!

오싹오싹 쓰기 연습

우리는 둘 다 이름에 받침이 없어.
우리 이름도 쓰기 연습을 해줘.

나는 구하리!

구 하 리

나는 구두리!

구 두 리

귀신 잡는 오싹오싹 받아쓰기

신비아파트에 나타나는 귀신들을 잡아야 해!

귀신들의 이름을 제대로 따라
쓰면 고스트볼에 잡을 수 있어!

더, 더 많이 먹으라고!
살이 쪄야 내가 잡아먹지,
흐흐.

안 돼! 받아쓰기하면
살이 빠진단 말이야!

금돼지 탐욕의 포식자

종류 선귀
기술 폭식하게 만드는 검은 기운
　　　무지막지한 괴력.
크기 300cm
퇴치방법 따뜻한 밥을 대접하여 위로.

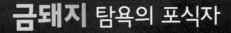

금돼지 금돼지

3장

받침이 있는 낱말 배우기

받침 있는 낱말 쓰기

받침이 있는 낱말이 어떻게 만들어지는지 보기 를 보고 빈칸을 채워 보세요.

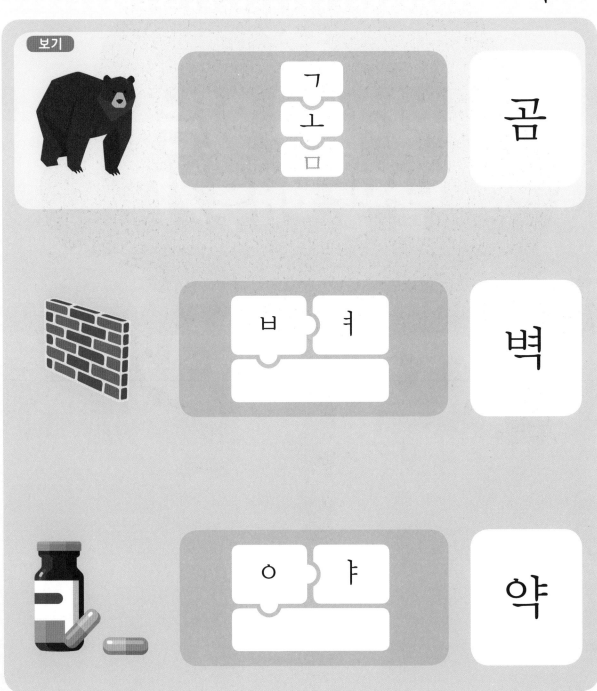

보기

ㄱ
ㅗ
ㅁ

곰

ㅂ ㅕ

벽

ㅇ ㅑ

약

받침이 있는 글자는 '자음자+모음자+자음자'로 만들어 졌어요.
ㄱ과 ㅏ, 그리고 ㄱ이 합쳐서 '각' 글자를 만들지요.

보기

산

돌

꽃

학	교
학	교

수	박
수	박

거	북
거	북

악	어
악	어

축	구	공
축	구	공

옥	수	수
옥	수	수

복	숭	아
복	숭	아

받침이 들어간 단어는 어렵당께.
글자를 잘 보그래이~

ㅋ 받침이 들어가는 낱말을 읽고 써 보세요.

키	읔
키	읔

부	엌
부	엌

동	녘
동	녘

들	녘
들	녘

남	녘
남	녘

서	녘
서	녘

새	벽	녘
새	벽	녘

ㅋ 받침은 발음할 때는 [ㄱ] 소리가 나지만,
글자는 ㅋ으로 써요.
예 글자 : 부엌 → 발음 : [부억]
글자 : 동녘 → 발음 : [동녁]

ㄴ 받침이 들어가는 낱말을 읽고 써 보세요.

단 추	인 형	기 린	풍 선
단 추	인 형	기 린	풍 선

선 물	용 돈	인 물	국 민
선 물	용 돈	인 물	국 민

눈 사 람
눈 사 람

나도 받아쓰기 100점!

46

오싹오싹 쓰기 연습

우리는 둘 다 이름에 ㄴ이 들어가 있어!
우리 둘의 이름도 쓰기 연습을 해줘.

내 이름에 있는 ㄴ이다!
리온, 이름을 예쁘게 써줘!

리	온									

나, 신비도 글자 받침에
ㄴ이 들어간다고!
내 이름도 제대로 잘 써줘!

신	비									

ㄷ 받침이 들어가는 낱말을 읽고 써 보세요.

낟알	받다	굳이	곧장
낟알	받다	굳이	곧장

받침	숟가락	맏아들
받침	숟가락	맏아들

돋보기	이튿날
돋보기	이튿날

ㅌ 받침이 들어가는 낱말을 읽고 써 보세요.

팥	죽
팥	죽

솥
솥

겉	옷
겉	옷

같	다
같	다

밭	갈	이
밭	갈	이

홑	소	리
홑	소	리

끝	내	다
끝	내	다

도	맡	다
도	맡	다

솥	뚜	껑
솥	뚜	껑

보	물
보	물

반	달
반	달

올	빼	미
올	빼	미

코	알	라
코	알	라

열	심	히
열	심	히

발	음
발	음

올	챙	이
올	챙	이

불	가	사	리
불	가	사	리

밤
밤

곰
곰

염	소
염	소

구	름
구	름

음	악
음	악

기	침
기	침

그	림	자
그	림	자

잠	자	리
잠	자	리

받	침
받	침

 ㅂ 받침이 들어가는 낱말을 읽고 써 보세요.

밥
밥

컵
컵

접	시
접	시

김	밥
김	밥

장	갑
장	갑

입	술
입	술

배	꼽
배	꼽

눈	썹
눈	썹

서	랍
서	랍

지	갑
지	갑

ㅍ 받침이 들어가는 낱말을 읽고 써 보세요.

숲
숲

앞	뒤
앞	뒤

짚	신
짚	신

덮	다
덮	다

무	릎
무	릎

앞	치	마
앞	치	마

나	뭇	잎
나	뭇	잎

ㅍ 받침은 발음할 때는 [ㅂ] 소리가 나지만,
글자는 ㅍ으로 써요.
예 글자 : 숲 → 발음 : [숩]
글자 : 무릎 → 발음 : [무릅]

빗 붓 연못 칫솔
빗 붓 연못 칫솔

비옷 빗방울 촛불
비옷 빗방울 촛불

따뜻하다 나뭇가지
따뜻하다 나뭇가지

ㅈ 받침이 들어가는 낱말을 읽고 써 보세요.

낮	잠
낮	잠

곳	감
곳	감

벚	꽃
벚	꽃

젖	소
젖	소

맺	다
맺	다

젖	먹	이
젖	먹	이

봄	맞	이
봄	맞	이

달	맞	이
달	맞	이

맞	추	다
맞	추	다

 ㅊ 받침이 들어가는 낱말을 읽고 써 보세요.

벚	꽃
벚	꽃

숯	불
숯	불

윷	놀	이
윷	놀	이

빛	깔
빛	깔

쫓	다
쫓	다

살	갗
살	갗

ㅅ, ㅈ, ㅊ 받침은 발음할 때 모두 [ㄷ] 소리가 나지만,
글자는 ㅅ, ㅈ, ㅊ으로 써요.

예 글자 : 붓 → 발음 : [붇] 글자 : 낮 → 발음 : [낟]
글자 : 꽃 → 발음 : [꼳]

낯	익	다
낯	익	다

빛	나	다
빛	나	다

옻	나	무
옻	나	무

쫓	겨	나	다
쫓	겨	나	다

돛	단	배
돛	단	배

 ㅇ 받침이 들어가는 낱말을 읽고 써 보세요.

공
공

사	탕
사	탕

공	책
공	책

궁	전
궁	전

당	근
당	근

병	아	리
병	아	리

농	구
농	구

넝	쿨
넝	쿨

항	아	리
항	아	리

고양이
고양이

동전
동전

망아지
망아지

송아지
송아지

강아지
강아지

호랑이
호랑이

지팡이
지팡이

강낭콩
강낭콩

ㅎ 받침이 들어가는 낱말을 읽고 써 보세요.

넣	다
넣	다

놓	다
놓	다

좋	다
좋	다

쌓	았	다
쌓	았	다

파	랗	다
파	랗	다

하	얗	다
하	얗	다

노	랗	다
노	랗	다

동	그	랗	다
동	그	랗	다

다음 상자 안에 쓰여진 낱말 중 받침을 맞게 쓴 것을 찾아 ○ 해 주세요.

곳감, 곶감

윳놀이, 윷놀이

벚꽂, 벚꽃

연못, 연몯

햐양다, 하얗다

봄만이, 봄맞이

강낭콩, 강남콩

위때, 쉽제?
아니, 표준어로 해야지.
어때, 쉽지?

귀신 잡는 오싹오싹 받아쓰기

신비아파트에 나타나는 귀신들을 잡아야 해!

귀신들의 이름을 제대로 따라
쓰면 고스트볼에 잡을 수 있어!

끄으으, 한번 나한테
입력되면 끝까지 추적한다!

으윽, 받아쓰기로 나를
퇴치하려 하다니······.

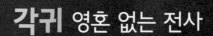

각귀 영혼 없는 전사

종류 괴수
기술 영혼 없이 입력된 대상만을
　　　 집요하게 추적하는 인형.
크기 177cm
퇴치방법 금비의 시간 요술로 인형술사
　　　　 에게 조종당하기 전의 상태로
　　　　 되돌리다.

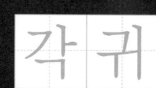

4장

겹받침이 들어간
글자 배우기

 ㄲ 받침이 들어가는 낱말을 읽고 써 보세요.

밖	깎다	낚시	닦다
밖	깎다	낚시	닦다

겪다	볶다	볶음밥
겪다	볶다	볶음밥

겹받침은 ㄱ과 ㅅ이 합쳐져서 ㄳ 받침을 만드는 것처럼 두 개의 자음자가
합쳐져서 만들어진 받침이에요.

 ㄳ 받침이 들어가는 낱말을 읽고 써 보세요.

몫	넋	품삯	뱃삯
몫	넋	품삯	뱃삯

 ㄲ, ㄳ 받침은 발음할 때 모두 [ㄱ] 소리가 나지만,
글자는 ㄲ, ㄳ으로 써요.
예 글자 : 밖 → 발음 : [박]   글자 : 몫 → 발음 : [목]

ㄵ, ㄶ 받침이 들어가는 낱말을 읽고 써 보세요.

앉다
앉다

엱다
엱다

많다
많다

끊다
끊다

점잖다
점잖다

ㄵ, ㄶ 받침은 발음할 때 발음이 받침으로는 모두 [ㄴ] 소리가 나지만,
다음에 오는 자음이 ㄱ, ㄷ, ㅂ, ㅅ일 경우 된소리로 발음하기도 해요.
예 글자 : 앉다 → 발음 : [안따]
글자 : 끊다 → 발음 : [끈따]

다음 상자 안에 쓰여진 낱말 중 받침을 맞게 쓴 것을 찾아 ○ 해 주세요.

낚시, 낛시

앇다, 앉다

끊다, 끙다

점잖다, 점잔타

뱃삿, 뱃삯

닥다, 닦다

품삭, 품삯

받침이 많아 어렵냐?
그래도 찬찬히
잘 찾아 보그래이~

 ㄺ 받침이 들어가는 낱말을 읽고 써 보세요.

암	닭
암	닭

읽	다
읽	다

찰	흙
찰	흙

ㄻ 받침이 들어가는 낱말을 읽고 써 보세요.

젊	다
젊	다

삶	다
삶	다

닮	다
닮	다

굶	다
굶	다

 ㄼ 받침이 들어가는 낱말을 읽고 써 보세요.

얇다	짧다	밟다	떫다
얇다	짧다	밟다	떫다

 ㄿ 받침이 들어가는 낱말을 읽고 써 보세요.

점점 어려워지는구만.

읊다	읊조리다
읊다	읊조리다

 ㄹㅌ 받침이 들어가는 낱말을 읽고 써 보세요.

훑	다
훑	다

핥	으	니
핥	으	니

 ㅀ 받침이 들어가는 낱말을 읽고 써 보세요.

닳	다
닳	다

끓	다
끓	다

싫	다
싫	다

뚫	다
뚫	다

> ㄹㄱ, ㄹㅁ, ㄹㅂ, ㄹㅅ, ㄹㅍ 받침은 발음이 받침으로는 모두 [ㄹ] 소리가 나지만,
> 다음에 오는 자음이 ㄱ, ㄷ, ㅂ, ㅅ일 경우 된소리로 발음하기도 해요.
>
> 예 글자 : 읽다 → 발음 : [일따]
> 글자 : 짧다 → 발음 : [짤따]
> 글자 : 훑다 → 발음 : [훌따]

 ㅄ 받침이 들어가는 낱말을 읽고 써 보세요.

값	없	다	가	엾	어
값	없	다	가	엾	어

차근차근 따라쓰다 보면 쉬워진다니까!

외국에서 온 나한테는 귀신 잡기보다 어려워!

 ㅆ 받침이 들어가는 낱말을 읽고 써 보세요.

갔	다
갔	다

했	다
했	다

있	다
있	다

맛	있	다
맛	있	다

먹	었	다
먹	었	다

오	셨	다
오	셨	다

ㅆ 받침은 발음이 받침으로는 [ㄷ] 소리가 나지만,
다음에 오는 자음이 ㄱ, ㄷ, ㅂ, ㅅ일 경우
된소리로 발음이 나기도 해요.
예 글자 : 있다 → 발음 : [읻따]

다음 상자 안에 쓰여진 낱말 중 받침을 맞게 쓴 것을
찾아 ○ 해 주세요.

암탁, 암탉

읽다, 일따

닮아서, 달마서

얇으니, 얄브니

읊다, 을따

핥으니, 할트니

끓다, 끌타

워디 나도
맞춰볼까?

73

귀신 잡는 오싹오싹 받아쓰기

신비아파트에 나타나는 귀신들을 잡아야 해!

귀신들의 이름을 제대로 따라
쓰면 고스트볼에 잡을 수 있어!

이안의 피를 빨아
힘을 얻겠다!

헉! 받아쓰기 때문에 독이빨을
드러낼 수가 없어!

우사첩 핏빛 제왕의 귀환

종류 악귀
기술 뱀파이어들의 피를 빨아 그들을
조종할 수 있다.
크기 170cm
퇴치방법 강림, 리온, 이안의 협동공격.

우 사 첩 우 사 첩

5장

주제별 낱말 배우기

 우리 가족의 호칭을 따라 써 보세요.

할아버지

할아버지

할머니

할머니

오호~ 이거 재미있는데?

아버지

아버지

어머니

어머니

우리 가족들, 길거리의 간판들, 교실에서 보는 물건들, 동물원에서 보는
동물들, 나무들의 이름 등 우리가 주위에서 만나게 되는 낱말들을 익혀요.

형	오	빠
형	오	빠

누	나	언	니
누	나	언	니

동	생
동	생

내가 바로
구하리 누나의 동생!

아	기
아	기

우	체	국
우	체	국

경	찰	서
경	찰	서

소	방	서
소	방	서

약	국
약	국

병	원
병	원

학	원
학	원

식	당
식	당

문	방	구
문	방	구

놀	이	터
놀	이	터

은	행
은	행

공	원
공	원

시	장
시	장

슈	퍼	마	켓
슈	퍼	마	켓

 교실에서 볼 수 있는 물건들의 이름을 따라 써 보세요.

연	필
연	필

공	책
공	책

크	레	파	스
크	레	파	스

지	우	개
지	우	개

책	상
책	상

칠	판
칠	판

 동물원에서 볼 수 있는 동물들의 이름을 따라 써 보세요.

사	자
사	자

여	우
여	우

악	어
악	어

기	린
기	린

원	숭	이
원	숭	이

침	팬	지
침	팬	지

앵	무	새
앵	무	새

여러 나무들의 이름을 따라 써 보세요.

소	나	무
소	나	무

배	나	무
배	나	무

감	나	무
감	나	무

사	과	나	무
사	과	나	무

은	행	나	무
은	행	나	무

단	풍	나	무
단	풍	나	무

밤	나	무
밤	나	무

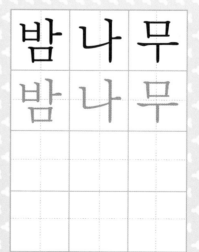

다음 중 맞게 쓴 것을 찾아 ○ 해 주세요.

솔나무, 소나무 에는 솔방울이 달려요.

베나무, 배나무 에는 배가 열려요.

가을에는 감나무, 강나무 에 달린 감이 익어가요.

사과가 열리는 사과나무, 사가나무 예요.

가을에 나뭇잎이 붉게 물드는 단풍나무, 당풍나무 예요.

으냉나무, 은행나무 에는 은행이 열려요.

가을에는 밤나무, 반나무 에서 밤을 따요.

소리를 흉내 내는 말

동물의 소리를 흉내 낸 말을 따라 써 보세요.

참새 쩍 쩍
쩍 쩍

돼지 꿀 꿀
꿀 꿀

오리 꽥 꽥
꽥 꽥

귀뚜라미 귀 뚤 귀 뚤
귀 뚤 귀 뚤

개 멍 멍
멍 멍

개구리 개 굴 개 굴
개 굴 개 굴

소 음 메
음 메

소리를 흉내 내는 말은 그 소리를 내는 대상과 짝지어
기억해 두어요. '돼지는 꿀꿀'처럼 말이에요.

닭 　꼬 꼬 댁
　　꼬 꼬 댁

매미 　맴 맴
　　　맴 맴

호랑이 　어 흥
　　　어 흥

비둘기 　구 구
　　　구 구

뻐꾸기 　뻐 꾹 뻐 꾹
　　　뻐 꾹 뻐 꾹

고양이 　야 옹
　　　야 옹

병아리 　삐 약 삐 약
　　　삐 약 삐 약

소리를 흉내 낸 낱말이 들어간 문장을 따라 써 보세요.

얼	른	∨	일	어	나	라	고	∨	닭	이
∨	꼬	꼬	댁	.						
얼	른	∨	일	어	나	라	고	∨	닭	이
∨	꼬	꼬	댁	.						

연	못	으	로	∨	향	하	는	∨	오	리
가	∨	꽥	꽥	.						
연	못	으	로	∨	향	하	는	∨	오	리
가	∨	꽥	꽥	.						

반	갑	다	고	∨	개	구	리	가	∨	개
굴	개	굴	.							
반	갑	다	고	∨	개	구	리	가	∨	개
굴	개	굴	.							

병	아	리	가	∨	삐	약	삐	약	∨	봄
나	들	이	∨	갑	니	다	.			
병	아	리	가	∨	삐	약	삐	약	∨	봄
나	들	이	∨	갑	니	다	.			

87

더운 ∨ 여름, ∨ 매미가 ∨
맴맴 ∨ 시끄러워요.
더운 ∨ 여름, ∨ 매미가 ∨
맴맴 ∨ 시끄러워요.

가을 ∨ 밤 ∨ 귀뚜라미가 ∨
귀뚤귀뚤.
가을 ∨ 밤 ∨ 귀뚜라미가 ∨
귀뚤귀뚤.

어두워지는 ∨ 숲속에서 ∨
뻐꾸기가 ∨ 뻐꾹뻐꾹.
어두워지는 ∨ 숲속에서 ∨
뻐꾸기가 ∨ 뻐꾹뻐꾹.

아침 ∨ 일찍 ∨ 참새가 ∨ 짹
짹.
아침 ∨ 일찍 ∨ 참새가 ∨ 짹
짹.

모양을 흉내 낸 낱말을 따라 써 보세요.

오리가 뒤뚱뒤뚱 걸어요.

➡ 오리가 ⬜⬜⬜⬜⬜⬜ 걸어요.

공이 데굴데굴 굴러가요.

➡ 공이 ⬜⬜⬜⬜⬜ 굴러가요.

아기가 아장아장 걸어 다녀요.

➡ 아기가 ⬜⬜⬜⬜⬜⬜ 걸어 다녀요.

개구리가 폴짝폴짝 뛰어올라요.

➡ 개구리가 ⬜⬜⬜⬜⬜ 뛰어올라요.

나는 구미호!
꼬리를 휙휙!

거북이가 엉금엉금 기어가요.

➡ 거북이가 ⬜⬜⬜⬜⬜ 기어가요.

모양을 흉내 낸 말은 그 모양을 하고 있는 대상과 짝지어 알아두는 것이
좋아요. '거북이는 엉금엉금' 처럼 말이에요.

토끼가 **깡충깡충** 뛰어요.

➡ 토끼가 ☐☐☐☐☐ 뛰어요.

나무에 열매가 **주렁주렁** 열렸어요.

➡ 나무에 열매가 ☐☐☐☐ 열렸어요.

봄바람이 **살랑살랑** 불어요.

➡ 봄바람이 ☐☐☐☐ 불어요.

기린이 **성큼성큼** 걸어 가요.

➡ 기린이 ☐☐☐☐ 걸어 가요.

나비가 **나풀나풀** 날아다녀요.

➡ 나비가 ☐☐☐☐ 날아다녀요.

모양을 흉내 낸 낱말이 들어간 문장을 따라 써 보세요.

개	구	리	가	∨	폴	짝	폴	짝	∨	뛰
어	올	라	요	.						
개	구	리	가	∨	폴	짝	폴	짝	∨	뛰
어	올	라	요	.						

나	비	가	∨	나	풀	나	풀	∨	꽃	을
∨	찾	아	다	녀	요	.				
나	비	가	∨	나	풀	나	풀	∨	꽃	을
∨	찾	아	다	녀	요	.				

쨍	쨍	∨	햇	볕	이	∨	뜨	겁	습	니
다	.									
쨍	쨍	∨	햇	볕	이	∨	뜨	겁	습	니
다	.									

봄	바	람	이	∨	살	랑	살	랑	∨	불
어	요	.								
봄	바	람	이	∨	살	랑	살	랑	∨	불
어	요	.								

토끼가 ∨ 깡충깡충 ∨ 뛰어
∨ 가요.
토끼가 ∨ 깡충깡충 ∨ 뛰어
∨ 가요.

사과나무에 ∨ 사과가 ∨ 주
렁주렁 ∨ 열렸어요.
사과나무에 ∨ 사과가 ∨ 주
렁주렁 ∨ 열렸어요.

새끼 ∨ 오리가 ∨ 뒤뚱뒤뚱
∨ 따라와요.
새끼 ∨ 오리가 ∨ 뒤뚱뒤뚱
∨ 따라와요.

아기가 ∨ 아장아장 ∨ 걸음
마를 ∨ 배워요.
아기가 ∨ 아장아장 ∨ 걸음
마를 ∨ 배워요.

귀신 잡는 오싹오싹 받아쓰기

신비아파트에 나타나는 귀신들을 잡아야 해!

귀신들의 이름을 제대로 따라 쓰면 고스트볼에 잡을 수 있어!

나를 더럽다고 업신여긴 자들에게 복수하겠어!

앗! 회색 연기로 받아쓰기가 가려지지가 않아!

취생 잿빛향의 저주

종류 선귀
기술 피부가 더러워지는 환각에 걸리게 함. 연기 형태이기 때문에 물리적 타격을 입지 않음.
크기 무제한
퇴치방법 취생의 생전 물건을 닦아주며 위로.

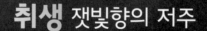

6장

짧은 문장 쓰기

 띄어쓰기에 주의하며 다음 문장을 따라 써 보세요.

다	리	가	∨	아	파	요	.		
다	리	가	∨	아	파	요	.		

누	워	서	∨	쉬	어	요	.		
누	워	서	∨	쉬	어	요	.		

이	게	∨	뭐	예	요	?			
이	게	∨	뭐	예	요	?			

받침이 없이 자음자와 모음자가 합쳐진 낱말로 만들어진
문장을 연습해요.

바	다	에	∨	가	요	.			
바	다	에	∨	가	요	.			

사	자	는	∨	무	서	워	요	.	
사	자	는	∨	무	서	워	요	.	

오	빠	가	∨	뛰	어	가	요	.	
오	빠	가	∨	뛰	어	가	요	.	

차가 ∨ 너무 ∨ 커요.

차가 ∨ 너무 ∨ 커요.

배가 ∨ 고파요.

배가 ∨ 고파요.

두부 ∨ 사러 ∨ 가요.

두부 ∨ 사러 ∨ 가요.

우	유	가	∨	차	가	워	요	.	
우	유	가	∨	차	가	워	요	.	

이	가	∨	아	파	요	.			
이	가	∨	아	파	요	.			

나	무	가	∨	자	라	요	.		
나	무	가	∨	자	라	요	.		

읽으면서 따라 써라!
안 그러면 네 입을
지울 거다!

101

띄어쓰기에 주의하며 다음 문장을 따라 써 보세요.

고	추	가	∨	너	무	∨	매	워	요	.
고	추	가	∨	너	무	∨	매	워	요	.

피	아	노	∨	치	기	.				
피	아	노	∨	치	기	.				

아	기	가	∨	기	어	∨	와	요	.	
아	기	가	∨	기	어	∨	와	요	.	

서	로	∨	도	우	며	∨	지	내	요	.
서	로		도	우	며		지	내	요	.

오	빠	가	∨	파	도	∨	타	러	∨	가
요	.									
오	빠	가	∨	파	도	∨	타	러	∨	가
요	.									

너	∨	어	디	∨	사	니	?			
너	∨	어	디	∨	사	니	?			

이	게	∨	뭐	예	요	?			
이	게	∨	뭐	예	요	?			

사	자	가	∨	나	에	게	∨	다	가	와
요	.									
사	자	가	∨	나	에	게	∨	다	가	와
요	.									

어	서	∨	저	기	로	∨	피	해	요	.
어	서	∨	저	기	로	∨	피	해	요	.

누	나	가	∨	과	자	∨	사	러	∨	가
요	.									
누	나	가	∨	과	자	∨	사	러	∨	가
요	.									

아	버	지	와	∨	어	머	니	가	∨	도
와	요	.								
아	버	지	와	∨	어	머	니	가	∨	도
와	요	.								

 띄어쓰기에 주의하며 다음 문장을 따라 써 보세요.

아	버	지	,	∨	커	피	∨	드	세	요
.										
아	버	지	,	∨	커	피	∨	드	세	요
.										

나	비	야	∨	이	리	∨	오	너	라	.
나	비	야	∨	이	리	∨	오	너	라	.

이	제	∨	자	러	∨	가	요	.	
이	제	∨	자	러	∨	가	요	.	

106

모두 ∨ 여기 ∨ 보세요.

모두 ∨ 여기 ∨ 보세요.

아기도 ∨ 자고 ∨ 나도 ∨ 자
요.

아기도 ∨ 자고 ∨ 나도 ∨ 자
요.

어머니는 ∨ 고와요.

어머니는 ∨ 고와요.

띄어쓰기에 주의하며 다음 문장을 따라 써 보세요.

깜	짝	∨	놀	랐	어	요	.			
깜	짝	∨	놀	랐	어	요	.			

곰	이	∨	쫓	아	와	요	.			
곰	이	∨	쫓	아	와	요	.			

넘	어	져	서	∨	속	상	해	요	.	
넘	어	져	서	∨	속	상	해	요	.	

받침이 있는 낱말이 들어간 문장을 쓸 때는 낱말의 받침을 맞게 썼는지
확인하면서 써야 해요.

원숭이가 ∨ 걱정돼요.
원숭이가 ∨ 걱정돼요.

토끼는 ∨ 뛰어가요.
토끼는 ∨ 뛰어가요.

거북이가 ∨ 기어갑니다.
거북이가 ∨ 기어갑니다.

사	과	를	∨	먹	었	어	요	.		
사	과	를	∨	먹	었	어	요	.		

어	디	를	∨	가	나	요	?			
어	디	를	∨	가	나	요	?			

살	금	살	금	∨	다	가	갔	어	요	.
살	금	살	금	∨	다	가	갔	어	요	.

눈 빛 이 ∨ 초 롱 초 롱 해 요 .
눈 빛 이 ∨ 초 롱 초 롱 해 요 .

얼 굴 을 ∨ 찡 그 렸 어 요 .
얼 굴 을 ∨ 찡 그 렸 어 요 .

울 음 을 ∨ 터 뜨 렸 어 요 .
울 음 을 ∨ 터 뜨 렸 어 요 .

반침 있는 문장 쓰기 ②

띄어쓰기에 주의하며 다음 문장을 따라 써 보세요.

손	을	∨	깨	끗	이	∨	씻	어	요	.
손	을	∨	깨	끗	이	∨	씻	어	요	.

어	찌	할	∨	줄	∨	모	르	겠	다	.
어	찌	할	∨	줄	∨	모	르	겠	다	.

가	을	∨	하	늘	이	∨	푸	르	다	.
가	을	∨	하	늘	이	∨	푸	르	다	.

동생과 ∨ 밥을 ∨ 먹어요.
동생과 ∨ 밥을 ∨ 먹어요.

정답을 ∨ 맞혀 ∨ 보세요.
정답을 ∨ 맞혀 ∨ 보세요.

꽃이 ∨ 많이 ∨ 피었어요.
꽃이 ∨ 많이 ∨ 피었어요.

준비물을 ∨ 깜빡 ∨ 잊었어
요.

준비물을 ∨ 깜빡 ∨ 잊었어
요.

오늘은 ∨ 왠지 ∨ 기분이 ∨
좋아.

오늘은 ∨ 왠지 ∨ 기분이 ∨
좋아.

할	머	니	께	서	∨	가	르	쳐	∨	주
셨	다	.								
할	머	니	께	서	∨	가	르	쳐	∨	주
셨	다	.								

반	듯	이	∨	앉	아	∨	책	을	∨	읽
어	요	.								
반	듯	이	∨	앉	아	∨	책	을	∨	읽
어	요	.								

토끼들이 ∨ 신이 ∨ 나서 ∨
깡충깡충 ∨ 뜁니다.
토끼들이 ∨ 신이 ∨ 나서 ∨
깡충깡충 ∨ 뜁니다.

노랫소리가 ∨ 온 ∨ 마을에
∨ 울려 ∨ 퍼졌어요.
노랫소리가 ∨ 온 ∨ 마을에
∨ 울려 ∨ 퍼졌어요.

흥부는 ∨ 제비 ∨ 다리를 ∨
정성껏 ∨ 고쳤어요.
흥부는 ∨ 제비 ∨ 다리를 ∨
정성껏 ∨ 고쳤어요.

서로 ∨ 인사말을 ∨ 주고 ∨
받습니다.
서로 ∨ 인사말을 ∨ 주고 ∨
받습니다.

귀신 잡는 오싹오싹 받아쓰기

신비아파트에 나타나는 귀신들을 잡아야 해!

귀신들의 이름을 제대로 따라
쓰면 고스트볼에 잡을 수 있어!

넌 가짜 연지한테 속은 거야.
이 집에 초대를 받은 그 순간부터!

앗! 받아쓰기한
아이들은 나무로
흡수가 안 돼!

당목귀 금지된 숲의 망령

종류 악귀
기술 나뭇가지를 통해 다양한 생명체로 분신.
　　무한 재생되는 본체.
크기 400cm
퇴치방법 물을 흡수하는 뿌리에 전염병을
　　　　퍼뜨려서 나무 본체를 썩게 함.

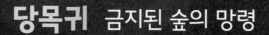

21쪽

👀 모음자와 그 이름을 선으로 이어 주세요.

ㅏ	야
ㅑ	오
ㅓ	아
ㅕ	어
ㅗ	여

ㅛ	유
ㅜ	으
ㅠ	요
ㅡ	이
ㅣ	우

27쪽

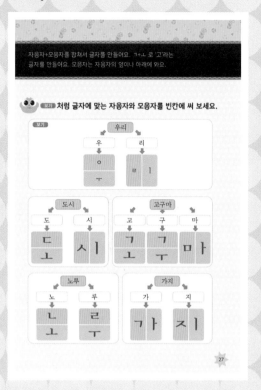

자음자+모음자를 합쳐서 글자를 만들어요. ㄱ+ㅗ 로 '고'라는
글자를 만들어요. 모음자는 자음자의 옆이나 아래에 와요.

👀 [보기] 처럼 글자에 맞는 자음자와 모음자를 빈칸에 써 보세요.

30-31쪽

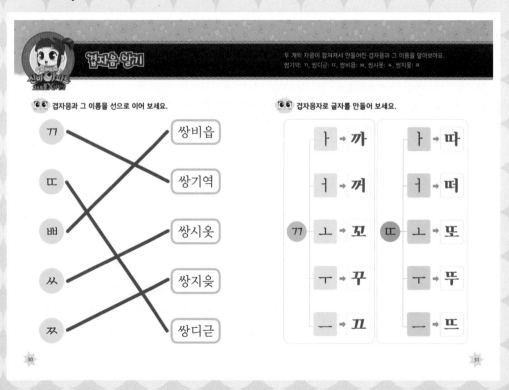

38쪽

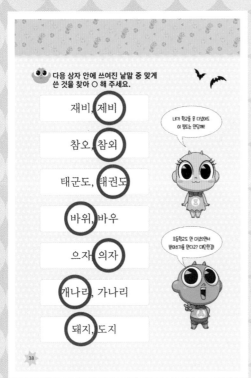

42-43쪽

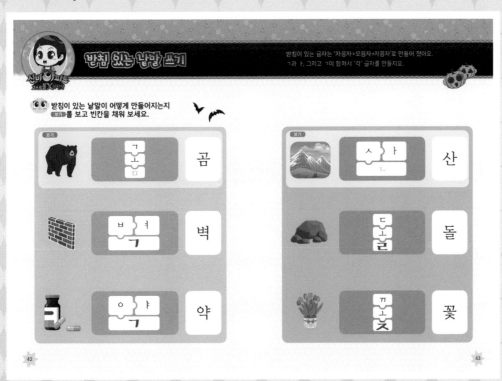

61쪽

67쪽

73쪽

83쪽

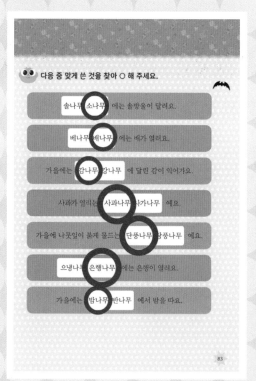

신비아파트 고스트볼X의탄생 100점

공포의 교과서

받아쓰기 1단계

2019년 7월 25일 초판 발행
2020년 7월 5일 3쇄 발행

발행인 정동훈
아동사업본부장 최낙준
편집 송미진, 김학림
영업 김관동, 이경진, 심동수, 고정아, 고혜민, 서행민
제작 김장호, 김종훈, 정은교, 박재림
발행처 (주)학산문화사
등록 1995년 7월 1일 제3-632호
주소 서울시 동작구 상도로 282
전화 (편집)02-828-8823, 8826 (주문)02-828-8962
팩스 02-823-5109
홈페이지 http://www.haksanpub.co.kr

ISBN 979-11-348-3126-4
ISBN 979-11-348-3125-7(세트)